¡DESPI Levántate temprano (y bien) todas las mañanas

ANDY JACKSON

y

STEVE PAVLINA

DEDICATORIA

A todos aquellos quienes puedan sacar lo mejor de lo que está escrito en las siguientes páginas, y utilizarlo para dar un giro positivo a sus vidas.

CONTENIDO

AGRADECIMIENTOS

Nuestro profundo agradecimiento va a los "maestros" conocidos a lo largo del camino, y a aquellos que han demostrado, con su satisfacción y alegría, que nuestros esfuerzos para dar lo mejor durante las últimas décadas de nuestra vida fueron significativos y valiosos para ellos. Estaremos igualmente agradecidos hacia cualquiera que promueva con un voto positivo y revise, cuando sea posible, este sencillo pero precioso manual.

PRIMERA PARTE
POR ANDY JACKSON

Esta primera parte del libro fue escrita por Andy Jackson, un apasionado y entusiasta de la eficiencia, la productividad y el crecimiento; autor de muchos textos prácticos a menudo publicados bajo un seudónimo, que han mejorado la vida de muchas personas en todo el mundo. Le seguirá una segunda parte, por Steve Pavlina, autor y blogger igualmente famoso por sus artículos sobre el crecimiento personal y la eficiencia.

Esta nueva edición, que se caracteriza por la combinación de estos dos contenidos, debe proporcionar a cualquiera los medios más adecuados para lograr con éxito el objetivo propuesto por el título de este trabajo.

1.1 TÚ TAMBIÉN PUEDES LEVANTARTE TEMPRANO

Si decidiste comprar o leer este libro, seguramente querrás mejorar tu enfoque con el proceso de despertar en la mañana, independientemente de las razones subyacentes detrás de esta necesidad.

Sólo debes saber que ahora tienes la herramienta correcta en tus manos, porque si no puedes despertar temprano incluso después de leer y practicar los consejos y estrategias que voy a ilustrar en las siguientes páginas, será el momento de renunciar a esta aspiración y buscar un estilo de vida que no necesite tal compromiso de tu parte.

Puede haber diferentes razones por las cuales deseas despertar temprano en la mañana, de hecho, varían de persona a persona, pero puedo decirte que en mi vida tuve que lidiar con esta necesidad de varias maneras. He sido un estudiante, con la necesidad de asistir a clases a tiempo todos los días, pero también fui un viajero que tuvo que soportar largos viajes para llegar al trabajo a tiempo, e incluso tuve trabajos de turno nocturno que me obligaron a revertir los ciclos de sueño durante varios meses.

Cuando por fin logré conseguir un estilo de vida donde tuve la libertad de despertar en cualquier momento que quería, descubrí que despertar temprano era uno de los trucos para ser más productivo, lleno de energía a diario y llegar al final del día con una sensación de satisfacción incalculable.

En todas las diferentes etapas de mi vida, he estudiado y practicado varias estrategias, pero sobre todo he aprendido a reconocer y adoptar algunos buenos hábitos que me permitieron mover el tiempo de despertar y levantarme temprano cada día, fácil y sin dolor, haciendo de este hábito también, la fuente de múltiples ventajas.

Sí, porque después de todo, tiene que haber una razón si entre los hábitos de las personas exitosas que ahora podemos leer en docenas de artículos en la Web, la de despertar temprano en la mañana es predominante.

Y no importa si ya tienes un compromiso que te obliga a hacerlo o lo hace en contra de tu voluntad (como ocurre a menudo), porque gracias a la información que encontrarás en este libro va a cambiar una necesidad agotadora a una experiencia satisfactoria que enriquecerá tu existencia y te permitirá mejorarla de maneras inesperadas.

Sea cual sea tu condición actual, entonces, sígueme a través de las siguientes páginas y adopta las estrategias que creas son las más adecuadas para tu estilo de vida actual con la finalidad de obtener, como resultado, lo que realmente deseas. Y si mis consejos son útiles para ti, no olvides escribir una reseña positiva y /o calificar si has comprado este libro desde un sitio web que te permite hacerlo. De esta manera, ayudarás a muchas otras personas a descubrirlo y mejorar sus propias vidas.

1.2 LA IMPORTANCIA DE DORMIR

Antes de hablar de un buen despertar, es absolutamente necesario hablar de un buen sueño. No te dejes tentar a saltar este capítulo ya que la información que encontrarás aquí puede resultar básica para entender cualquier error que estés cometiendo. Errores que, en consecuencia, te impiden obtener los resultados que deseas.

Despertarse en las mejores condiciones en las mañana significa haber dormido satisfactoriamente, pero no todo el mundo puede obtener el llamado (no por accidente) "sueño reparador".

Hay diferentes razones por las que un sueño nocturno (o un sueño diurno para los trabajadores de turnos nocturnos) puede no ser suficientemente refrescante y permitir un despertar satisfactorio, y en este capítulo aprenderás a reconocerlos y evitarlos, dando así el primer paso hacia un despertar óptimo y una excelente manera de empezar el día.

CICLOS Y RITMOS DEL SUEÑO

Seguramente has oído o leído acerca de los ritmos circadianos y los ciclos del sueño, pero puede valer la pena resumir el significado de estos términos y aclararlos antes de continuar.

El término circadiano, que proviene del latín circa diem (casi un día), está asociado con el ciclo que regula toda una serie de "relojes biológicos" dentro de nuestro cuerpo, determinando tanto sus principales actividades internas (desde el crecimiento celular hasta las funciones fisiológicas) y la forma en que responde a la alternancia del día y la noche.

Esta alternancia natural de estados y funcionalidad dentro de nuestro cuerpo, puede ser perturbada o aliviada dependiendo de qué factores intervienen en nuestro ambiente y en nuestros hábitos, como verás en los siguientes capítulos. Las intervenciones erróneas en el delicado equilibrio que caracteriza esta alternancia de ciclos biológicos producen efectos que pueden ser devastadores para tu propia vida.

Por otro lado, en cuanto a la única parte relacionada al sueño, ahora sabemos con certeza que nuestro cerebro sigue un patrón bien definido que consiste en dos fases alternas: el sueño ortodoxo y el sueño paradójico. Este último caracterizado por los llamados ciclos REM (movimiento ocular rápido), cuyo nombre proviene del movimiento rápido de los ojos detrás de los párpados cerrados, causado por sueños particularmente intensos. De hecho, el término paradoja resulta precisamente del contraste entre esta intensa actividad ocular y mental (relacionada a los sueños) y la relajación muscular que afecta al resto del cuerpo en esta etapa.

Cada vez que te duermes, pasas por una serie de

fases de sueño que se pueden distinguir y clasificar según su profundidad. Hay cuatro fases, que tienen lugar en un lapso de tiempo de alrededor de 90/100 minutos, cada uno seguido de una fase de sueño REM que dura unos 15 minutos. Las fases REM tienden a alargarse durante el sueño, alcanzando su duración máxima en la fase que precede al despertar.

Tanto las fases REM como las no REM del sueño tienen su importancia biológica, pero hasta el momento, las únicas certezas con respecto a su función son la liberación de hormonas de crecimiento en las primeras y el aumento de las entradas de sangre cerebral en las segundas, con los beneficios derivados.

Teniendo en cuenta el número promedio de horas de sueño para el individuo medio, lo que significa que no está afectado por patologías particulares en esta área, es fácil entender que las fases REM durante el sueño son generalmente cuatro, pero obviamente esto no es una estimación absoluta ya que está influenciada por los hábitos y disposición de cada individuo.

Por lo tanto, todo lo que acabo de decir acerca de los ciclos y las fases del sueño se refiere a estimaciones promedio que pueden no coincidir exactamente en cada individuo ya que las condiciones, los hábitos y el ambiente asociados con el sueño de cada persona son diferentes y caracterizados por elementos que pueden influir, incluso de manera decisiva, en los ritmos y en la duración de cada etapa.

¿CUÁNTAS HORAS NECESITAMOS PARA DESCANSAR?

Al igual que con los ritmos y los ciclos de sueño, no es posible proporcionar estimaciones absolutas acerca de la duración del sueño, de hecho también pueden ser sólo aproximadas.

Por lo tanto, cuando escuchas a alguien diciendo "tienes que dormir al menos ocho horas por noche", toma esa afirmación con un grano de sal. La cantidad de horas necesarias para un sueño reparador varía según la edad, pero se relaciona principalmente con el estilo de vida y los hábitos de cada individuo.

En promedio, el número de horas de sueño necesarias para cada uno de nosotros disminuye con el aumento de la edad, probablemente en relación con la caída progresiva en las funciones de aprendizaje y asimilación, y la necesidad de que el cerebro procese la información relacionada durante el sueño.

Por lo tanto, si para un bebé 12 horas de sueño son lo ideal, para un adolescente las horas caen a 8 y para un individuo de cuarenta años de edad estas caen a siete, perdiendo otra hora en el caso de una persona de edad avanzada. Las diferentes duraciones del sueño según la edad también influyen directamente en las etapas REM correspondientes, como puedes haber adivinado.

Pero más allá de las estimaciones generales, los factores que influyen en la cantidad de horas de sueño pueden variar desde la personalidad a los hábitos de trabajo, estado emocional, y así sucesivamente. Por ejemplo, si en el caso de personas extrovertidas y seguras de sí mismas, bastan unas pocas horas de sueño, será lo opuesto para las personas tímidas o emocionalmente inestables.

Lo cierto es que cada uno de nosotros necesita un número específico de horas de sueño, y eso es muy fácil de determinar y evitar errores fáciles como forzarse a dormir demasiado temprano y no quedarse dormido por eso, como veremos en breve.

CONSECUENCIAS DEL SUEÑO IRREGULAR

Antes de pasar a los aspectos prácticos que pueden ayudarle a obtener un sueño óptimo, una premisa corta es necesaria acerca de las consecuencias de una deficiencia de sueño o un sueño excesivo.

Sí, porque el peligro no viene sólo de un sueño insuficiente, como muchos pueden pensar.

En teoría, el cuerpo humano necesita al menos dos horas de sueño para sobrevivir, pero tampoco puede exceder las quince horas.

Los efectos que se derivan de la falta de sueño (nerviosismo, mal desempeño, etc.) son los mismos causados por un sueño excesivo, como se ha demostrado a través de una serie de pruebas en varios individuos.

Sin embargo, es obvio que la falta de sueño se ha estudiado y monitoreado principalmente, y los investigadores han llegado a la conclusión de que una pequeña cantidad de sueño puede modificar hasta 700 genes en el ser humano, además de producir consecuencias que van desde niveles más bajos de capacidades de concentración hasta aumentar el riesgo de un ataque al corazón, diabetes, algunas formas de tumor e incluso la pérdida de tejido cerebral.

Esto no significa que tendrás que renunciar a algunas noches de fiesta, ya que una "deuda de sueño" también puede ser recuperada con una sola noche de sueño regular, pero como puedes haber entendido, es crucial para que puedas determinar la cantidad actual de sueño que necesitas y, por consiguiente, organizar tus hábitos con el fin de obtener mejores resultados. Además de eso, hacerlo también evitará comprometer tu salud o, como puede suceder en casos extremos, incluso tu vida (todos sabemos lo que puede suceder al conducir o hacer otras actividades peligrosas sin dormir, por ejemplo).

Un último consejo: si en tus hábitos está la llamada "siesta de la tarde", sólo toma en cuenta que hacerla durar más de media hora significa alterar el ciclo del sueño principal, como podrías haber adivinado de lo que he explicado acerca de los ciclos y ritmos del sueño. Por lo tanto, si deseas mantener este hábito sólo trate de no exceder la duración mencionada anteriormente, de lo contrario deberás estar dispuesto a pagar las consecuencias.

Al final de este capítulo, encontrarás un párrafo completo sobre este tema, para que puedas manejar mejor este aspecto si es parte de su rutina diaria.

ANTES Y DURANTE EL SUEÑO

Crear una rutina ideal antes de dormir y un entorno igualmente ideal durante el sueño es una estrategia fundamental para mejorar la calidad del descanso y despertar con más energía y agilidad mental.

A medida que se acerque el tiempo que has planeado para dormir, es importante que envíes a tu cuerpo y a tu mente, una serie de "señales" que claramente sugieran la meta que deseas lograr, que es prepararse para un sueño reparador.

Esto significa evitar todas aquellas actividades que puedan crear un estado mental o emocional "intenso", como ver películas de acción/horror, actuaciones violentas o disfrutar de cualquier otra actividad que pueda tener una influencia negativa en tu estado de ánimo.

Igualmente importante es la reducción progresiva

en consumir alimentos sólidos, altos en calorías o picantes, a medida que se aproxima la hora de dormir, prefiriendo en cambio líquidos (obviamente no gaseosos o estimulantes) y eventualmente ayuno.

Tomar una cantidad sustancial de líquido en horas antes de dormir, entre otras cosas, tiene otra función estratégica que es estimular la necesidad de orinar y consecuentemente impulsarnos a levantarnos por la mañana para llegar al baño

(Por supuesto, es mejor evitar cualquier exceso porque puede causar, en su lugar, la interrupción del sueño durante la noche).

Beber algo cálido y relajante es la opción ideal, por lo que los tés de hierbas son bienvenidos en este sentido, así como es igualmente recomendable leer un buen libro o cualquier actividad no demasiado exigente desde el punto de vista mental, como un simple crucigrama.

Por el contrario, es absolutamente esencial evitar el uso de cualquier dispositivo electrónico con una pantalla retro iluminada como los teléfonos inteligentes o tabletas, por lo que aquellos que están acostumbrados a "leer en digital" tendrán que preferir un verdadero e-Reader, es decir, un dispositivo de lectura de tinta electrónica como el lector de Kindle o Nook, eventualmente junto con una fuente de iluminación externa suave y directa como la lámpara de escritorio clásica.

Puede sonar superfluo subrayar lo crucial que es desactivar las notificaciones en los teléfonos inteligentes y otros dispositivos, e ignorar los mensajes o cosas similares cuando te estás preparando para dormir, por lo que puede ser vital apagar, o al menos establecer el 'Modo avión' en los teléfonos inteligentes y otros dispositivos 'conectados', manteniéndolos lejos de la cama o, mejor aún, fuera del dormitorio.

Si utilizas tu Smartphone o Tablet para revisar la hora y configurar la alarma, ten por lo menos la cortesía de mantener la pantalla apagada mientras duermes, encendiéndola sólo si debes despertar y quieres ver la hora. Subconscientemente tenemos el hábito de "notar" cualquier tipo de objeto brillante en nuestro rango de visión, incluso cuando estamos dormidos, lo que interrumpe nuestro ciclo de sueño normal, haciéndolo menos eficaz.

Como decía al comienzo del párrafo, es igualmente importante crear las condiciones ideales durante el sueño, pero en este caso entran en juego las preferencias y peculiaridades personales. Por ejemplo, mantener las cortinas cerradas y las persianas abajo, eliminando cualquier fuente de luz externa (la de farolas en la noche, o la luz natural en la madrugada durante el verano) usualmente se recomienda a todos, pero personalmente prefiero hacer lo contrario para permitir el cambio gradual de la luz del amanecer ajustando con mayor eficacia el ciclo de despertar, al menos en verano. Por el contrario, cuando hacía trabajos nocturnos y por lo tanto me veía obligado a dormir durante el día, usaba tapones para los oídos y máscaras para los ojos.

No es difícil adivinar que un ambiente insonorizado y sin estímulos de luz puede conciliar el sueño y hacerlo más satisfactorio, ya que es igualmente importante obtener una correcta oxigenación del entorno en el que duerme. Este resultado se puede lograr, por ejemplo, con el uso de un ionizador (http://amzn.to/2sOqZSm).

También es vital recordar lo importante que es dormir en una cómoda cama.

Personalmente, desde hace unos años comencé a utilizar colchones y almohadas de espuma visco elástica (http://amzn.to/2u7HMDY) en lugar de los tradicionales, y tuve beneficios en cuanto a la calidad del sueño, así como con mis problemas de espalda y columna.

Otro aspecto fundamental es la temperatura de la cama, así como del medio ambiente, ya que es la comodidad de la indumentaria utilizada para dormir. Evita las mantas excesivamente pesadas en invierno, use pijamas que no sean demasiado ajustadas (presta atención a los elásticos) y los ambientes refrescantes durante el verano, son sólo algunas de las indicaciones que, aunque intuitivas, son siempre buenos recordatorios.

MODIFIQUE TUS HÁBITOS

Antes de finalizar este capítulo, quiero revelar una estrategia que puede ayudarte a ajustar de manera óptima tus hábitos y permitirte despertar fácilmente y sin esfuerzo.

Para crear un hábito natural de despertarse temprano y encontrar el número de horas de sueño que realmente necesitas para un descanso satisfactorio, primero toma a decisión de ir a dormir a una hora que te permita dormir una cantidad suficiente de horas (dependiendo de tu edad) en relación con el momento en que debes levantarte.

Por ejemplo, si tienes que dormir por lo menos ocho horas y tienes que despertar a las seis de la mañana, debes ir a la cama a las diez de la noche. Sigue las instrucciones que te di en el párrafo anterior acerca de cómo prepararse para el sueño, e ir a la cama en el momento previsto, ajustando el despertador debidamente.

Cuando la alarma se active la mañana siguiente, no te acuestes en la cama, pero también evita saltar de la cama, simplemente apaga la alarma y siéntate en tu cama durante dos o tres minutos antes de salir de ella. Esta acción es especialmente importante la primera vez, de lo contrario será difícil crear el hábito de levantarse en el tiempo previsto.

Después de tres o cuatro días, tu reloj biológico se adaptará automáticamente al nuevo esquema de despertar y dormir, y naturalmente te despertarás en el tiempo planeado, probablemente sin siquiera esperar a que la alarma empiece a zumbar (de todos modos hablaremos de alarmas y otras estrategias más adelante)

Si experimentas cansancio excesivo o falta de lucidez al despertar, trata de aumentar gradualmente la duración del sueño (obviamente anticipando el tiempo de irse a dormir) hasta que tengas suficiente tiempo para un descanso óptimo.

Esta es sólo una de las estrategias más utilizadas por aquellos que deciden mejorar su enfoque con el sueño y el despertar, pero es probablemente una de las más eficaces y quería revelártela en este capítulo antes de mostrarte toda una serie de consejos y trucos que pueden resultar útiles.

LA SIESTA DE LA TARDE

Como se prometió, este último párrafo hablará sobre el interesante tema del descanso de la tarde, también conocido como "siesta"; De hecho, quería ahondar en él porque tiene correlaciones importantes con la forma en que funciona nuestro cerebro.

Según algunas investigaciones, parece que el problema subyacente del despertar insatisfactorio puede ser la falta de este "sueño diario corto", entre otras causas.

Según el profesor Jim Home, profesor de la Universidad de Loughborough, los seres humanos están fisiológicamente diseñados para dormir dos veces al día, es decir, con un breve sueño a primera hora de la tarde y uno más largo por la noche. De hecho, esto explicaría por qué el hábito de la siesta de la tarde está tan extendido en muchas partes del mundo.

Como sabemos, una de las funciones más importantes del sueño es "limpiar" nuestro cerebro de la información sobrecargada y redundante almacenada en su área "temporal", creando así espacio para que la nueva información sea adquirida y procesada después del siguiente despertar.

Un estudio realizado en un grupo de aproximadamente treinta adultos, mostró que los participantes que tomaron un descanso en la tarde estaban obteniendo mejores resultados, en comparación con los que se habían mantenido despiertos, en una tarea mentalmente difícil que se llevaría a cabo en la tarde.

Según el Dr. Matthew Walker, el profesor que llevó a cabo este experimento en la Universidad de California, la eficiencia de los dos grupos fue influenciada por el efecto que el sol de la tarde tuvo en su hipocampo. Esta área del cerebro, de hecho, retiene información temporal adquirida durante el despertar, cuya acumulación (especialmente en una era "sensorial y sobrecargada de información" como la nuestra) dificulta la absorción de datos adicionales durante el día.

Otro aspecto interesante revelado por los estudios sobre el sueño, es su aparente activación del hemisferio derecho de nuestro cerebro en particular. Esto debe ser visto como una confirmación adicional de cómo una siesta de media hora (o, en general, menos de una hora, como ya he señalado anteriormente) puede afectar sustancialmente las capacidades creativas y de resolución de problemas de un individuo.

Por lo tanto, si ya estás dedicando algún tiempo en la tarde a este hábito refrescante, no te rindas. Si no, trata de experimentar por un largo período de tiempo con una siesta en la tarde regular sin exceder en su duración, y ver si tiene algunos efectos positivos tanto en tu rendimiento diario como en tu despertar a la mañana siguiente.

1.3 TRUCOS, HERRAMIENTAS Y ESTRATEGIAS

Este capítulo agrupa una lista de consejos que te ayudarán a mejorar tu enfoque con la necesidad de despertar temprano por la mañana, organizado de tal manera que te permita elegir uno(s) que en su mayoría se ajusten a tus necesidades y satisfaga tus gustos personales y hábitos..

No pretendo agotar los incontables aspectos de este tema con sólo unas pocas páginas finales, pero personalmente he experimentado muchas de las soluciones que estoy a punto de describir, y puedo asegurarte que funcionaron.

COMENCEMOS POR EL DESPERTADOR
La antigua imagen del despertador tradicional es ahora un recuerdo lejano, en primer lugar se desvaneció con la llegada de alarmas electrónicas y luego fue casi totalmente borrado por las "virtuales" que se encuentran en las funciones de alarma de teléfonos móviles, en primer lugar, y aplicaciones de

teléfonos inteligentes y tabletas después.

Hace algunos años, ya usaba el iPhone y luego el iPad como un despertador con una gran pantalla simulada 'Led', pero en ese momento no sabía lo perjudicial que podría ser este tipo de solución. Mantener una fuente de luz activa durante el sueño nocturno, especialmente si es un reloj digital, puede crear un estímulo para el cerebro de la persona que duerme que le impide tener un sueño reparador.

Por lo tanto, si utilizas un despertador electrónico real o uno 'virtual' representado en una de las pantallas de tus dispositivos móviles, asegúrate de activar su visualización sólo por orden, es decir, tocar la pantalla, presionar un botón o pronunciar un palabra o frase (si la activación por voz está disponible) en caso de que despiertes mientras duermes y necesites revisar la hora.

Varias alarmas electrónicas ofrecen este tipo de funciones, a veces incluso más útiles como las de un volumen progresivo para la alarma (http://amzn.to/2uhB8v4), por lo que es muy importante elegir el modelo más adecuado para tus necesidades evitando la compra de despertadores genéricos.

Otro elemento evolutivo que ha cambiado la manera de despertar de la gente, es la transición del "tono" tradicional a la música, comenzando con los relojes de alarma de radio y luego el reemplazo de radios de música genéricos con MP3s personalizados. Despertar con una pista musical que se adapte a tus gustos o darle al despertar un estado de ánimo particular, desde la música clásica hasta el rock o la "nueva era", es seguramente más aconsejable que escuchar música cada vez más concurrida mezclada con música aleatoria o una simple elección entre una serie de sonidos de alarma por defecto.

Hoy en día, puedes elegir entre varios despertadores avanzados que a menudo pueden leer CD o tarjetas de memoria, o incluso pueden conectarse con otros dispositivos, por lo que para aquellos que deseen despertar con su elección de música favorita sus opciones son simplemente interminables. Obviamente, el mismo resultado se puede lograr con las aplicaciones para Smartphone y tabletas, incluso las preinstaladas en la mayoría de los dispositivos.

Hablando sobre aplicaciones, hay algunas particularmente originales que, además de las características habituales de alarma digital, ofrecen una serie de tareas necesarias para impedir la activación de la alarma, como juegos de memoria o matemáticas, sacudidas energéticas del dispositivo y así sucesivamente, como "I Can not Wake Up! " para Android.

Algunos prefieren la vibración a la música, por ejemplo, para evitar interrumpir el sueño de un compañero o cualquier otra persona que duerma en la misma habitación. Algunas de estas alarmas (http://amzn.to/2tdjAeA) se pueden colocar debajo de la almohada o atado a la muñeca usando una correa, además de las modernas llamadas "reloj inteligente" (http://amzn.to/2vbY8Z5) que ofrecen la misma clase de funciones.

Otros despertadores "evolucionados" se describirán más adelante en el párrafo relacionado con "estrategias físicas", ya que son más relevantes para ese tipo específico de estrategias para despertarse.

ESTRATEGIAS "MENTALES"

En el capítulo anterior he descrito una estrategia que le permite "entrenar" el cuerpo y la mente para crear una rutina de dormir y despertar ideal, pero como se dijo antes, no es la única manera útil de mejorar tus hábitos de descanso y despertar.

Desde un punto de vista psicológico, cuando se trata de crear el hábito de despertar temprano, uno de los factores más importantes es, sin duda, la motivación.

Esto es cierto tanto para los que ya están obligados a despertar temprano, como los estudiantes y los viajeros, pero quieren encontrar más tiempo para invertir en actividades adicionales (formación, crecimiento personal, bienestar físico o espiritual, etc.) y para aquellos que ya tienen la libertad de manejar su tiempo, pero quieren crear este valioso hábito aun así.

Si no puedes identificar una razón primaria válida que te empuja a adoptar este nuevo hábito, de todos modos, no hay estrategia o truco en absoluto. Por lo tanto, en primer lugar trata de definir claramente la razón(es) que te llevó a esta decisión, y si la búsqueda de una meta específica o más metas es parte de eso, asegúrate de recordar y planificar, antes de dormir, las actividades que vas a realizar cuando tu próximo nuevo día comience.

Luego, señala los resultados (incluso los más pequeños) ganados con el tiempo, comenzando del tiempo ganado comparado con otras actividades del día, esto puede ser más apoyo motivacional para continuar.

Debes realizar estas actividades de planificación/reflexión con bolígrafo o lápiz y papel, en un diario o en un cuaderno. Si los escribes en lugar de simplemente enumerarlos en tu mente, de hecho, el hábito tendrá tanto el efecto de impulsar tu motivación para despertar y actuar al día siguiente así como liberar tu mente para un sueño más reparador por la noche.

Al hablar de "estrategias mentales", por otra parte, a menudo se dice que el mero acto de "pedir" a tu cerebro despertarlo en un momento específico te permite lograr este resultado sin la necesidad de establecer un reloj despertador.

Aunque puedo confirmar que funciona (sólo enfócate brevemente antes de quedarte dormido, dando una "orden mental" clara a tu cerebro para despertarlo en el momento deseado), seguramente no es el caso simplemente confiar en este "truco", especialmente si hay reuniones importantes o tareas que te esperan en momentos específicos de la mañana.

Podrías fijar una hora más temprana para organizar tus actividades programadas del día para comprobar así la eficacia de este método y para ver si puedes despertar antes de que la alarma se active.

Por último, si te resulta difícil imponer un cambio en tus hábitos de despertar, puedes intentar un enfoque más gradual utilizando, por ejemplo, una serie de períodos de tiempo más cortos (por ejemplo, 15 minutos cada uno) hasta que alcances el tiempo deseado, normalmente en una cuestión de días.

Recuerda lo importante que es identificar tu cantidad ideal de horas de sueño, tal como lo expliqué en el capítulo anterior, para estar seguro de que las dificultades no surgen de una rutina de sueño inadecuada.

ESTRATEGIAS "FÍSICAS"

Además de las estrategias mentales anteriores, hay algunas estrategias "físicas" que te permitirán obtener más fácilmente el resultado de despertarse temprano.

Entre esas estrategias, puede resultar crucial para tu éxito la adopción de una dieta que facilite tu descanso mientras aumentas tus niveles de energía.

Se ha observado que los mayores beneficios pueden provenir del denominado ayuno intermitente, es decir, el hábito de respetar, cada 24 horas, un ciclo de 8 horas para las comidas y un ciclo de 16 horas para permitir la digestión y el descanso del cuerpo a través del ayuno. Obviamente no todo el mundo puede estar dispuesto a anular cualquier alimento sólido para un período de 16 o incluso sólo 15 horas, por lo que depende de ti tratar y ver si ese es tu caso.

Personalmente, traté de adoptar este ciclo regular de dieta/ayuno y noté algunos beneficios, incluso en un nivel fisiológico, así como en mi sueño, es por eso que te invito a reunir más información sobre él (sólo busque sobre ayuno intermitente) y tratar de introducir en tu estilo de vida. Por supuesto, no sin el asesoramiento de tu médico personal o nutricionista, especialmente si sufres (o has sufrido) de determinados trastornos de la alimentación o cualquier estado de salud débil o delicado.

Acerca de la ingesta de líquidos, en el capítulo anterior también mencioné la estrategia para beber abundantemente mucho antes de ir a dormir (y NO inmediatamente antes, especialmente si tienes problemas como reflujo gastrointestinal u otro similar) como un incentivo para levantarse temprano en la mañana para ir al baño. En este contexto también añadiría que, en el caso de que seas menos propenso a beber mucha agua (como soy yo, por ejemplo), se puede reemplazar con infusiones u otras bebidas, siempre y cuando no sean gaseosas y excesivamente endulzadas.

Puede parecer innecesario señalar que también debes evitar las bebidas estimulantes como té, café, cacao o bebidas energéticas a altas horas, pero vale la pena mencionarlo ya que nadie podría esperar obtener un sueño profundo y reparador después de tomar este tipo de bebida.

Como una estrategia "física" en el despertar, además de los consejos de no saltar de la cama, sino sentarse en ella durante unos minutos, hay un pequeño truco que he descubierto hace muchos años que ayuda a despertar completamente. Consiste en el simple acto de contener el aliento tanto como sea posible, como lo hacemos cuando nos entrenamos para la apnea o simplemente ir bajo el agua. Puede parecer un truco trivial, pero puedo asegurar que produce algunos resultados.

La última estrategia "física" que quiero revelarte es simplemente la colocación del despertador lejos de la cama, pero por supuesto es una opción que puede causar fácilmente el despertar de otras personas que duermen en la misma cama o habitación.

Y hablando de despertadores "fuera de alcance", es posible que hayan oído hablar de tales dispositivos construidos de una manera que los hacen alejarse y correr por su cuenta, como despertadores con ruedas añadidas capaces de correr en el suelo, llamado 'relojes fugitivos' (http://amzn.to/2ui0Tvr) o aquellos que literalmente vuelan (http://amzn.to/2t3pZhA), llamados 'despertadores voladores'.

Además de estos despertadores "robóticos", hay un dispositivo particular que, en el momento establecido para que la alarma suene, eleva un objetivo y te obliga a disparar con un arma de infrarrojo o láser.

Tales dispositivos pueden sonar extraños, pero no se puede negar que también son divertidos y, para aquellos que tienen suficiente sentido del humor, una manera alegre de comenzar el día.

UN ÚLTIMO CONSEJO…

Todo lo que he descrito en las páginas anteriores resume la información y las estrategias que he recopilado en varios años, obviamente resumidas para evitar perder tiempo valioso con giros inútiles de frases.

Como ya he señalado, muchas de las estrategias y consejos que he puesto en esta guía ya han funcionado para mí y algunas otras personas que conozco, pero es igualmente cierto que cada uno de nosotros es diferente y no siempre una solución que se demuestre válida para alguien puede ser igualmente correcta para cualquier persona.

Por lo tanto, depende de ti probar los trucos y estrategias explicadas hasta ahora de acuerdo a tus gustos, con el fin de sacar el máximo provecho de lo que se ha descrito en esta guía, y por supuesto mi esperanza es que encuentres al menos algunas de estas soluciones adecuadas y que puedas obtener mejores resultados en su vida gracias a mis consejos.

SOBRE EL AUTOR

Andy Jackson es obviamente un seudónimo, pero el nombre real del autor no es importante para lo que se explica en este libro. Lo que es importante, en cambio, es la verdadera naturaleza de los consejos prácticos, la experiencia sobre la que se basa el contenido y la claridad adoptada en la ilustración de ellos. Andy Jackson hace todo lo posible para mejorar la vida de los individuos a través de la escritura y la enseñanza, siendo el apoyo mientras siguen su propio camino de crecimiento personal. Sin embargo, no necesita promover estas actividades, ya que está tan ocupado y es capaz de gestionar todas las solicitudes sin publicidad, por lo que prefiere invertir su tiempo y esfuerzos cada vez más en proyectos editoriales como esta guía, logrando así alcanzar a un mayor número de personas y permitirles, con un gasto mínimo, dar un impulso positivo a sus vidas.

SEGUNDA PARTE
POR STEVE PAVLINA

Esta segunda parte de la guía debe ser vista como un "bono extra", ya que se ha añadido para dar a los lectores algunos consejos más y trucos según el famoso autor norteamericano de auto-crecimiento y life-hack blogger Steve Pavlina, autor del libro "Desarrollo personal para gente inteligente: La búsqueda consciente del crecimiento personal". Espero que lo encuentres igualmente útil y valioso.

2.1 CÓMO CONVERTIRSE EN UN MADRUGADOR (1 DE 2)

"Es bueno estar despiertos antes del amanecer, porque tales hábitos contribuyen a la salud, la riqueza y la sabiduría." – **Aristóteles**

¿Las personas madrugadoras nacen o se hacen? En mi caso, definitivamente, me hice. A los 20 años, rara vez me acostaba antes de medianoche, y casi siempre dormía tarde. Por lo general no empezaba a entrar en ritmo cada día hasta última hora en la tarde.

Pero después de un tiempo no podía ignorar la alta correlación entre el éxito y levantarse temprano, incluso en mi propia vida. En esas raras ocasiones en las que me levanté temprano, me di cuenta de que mi productividad era casi siempre más alta, no sólo por la mañana, sino durante todo el día. Y también noté una sensación significativa de bienestar. Así que siendo el cumplidor de metas proactivo que era, me propuse convertirme en un habitual madrugador. Rápidamente fijé mi despertador a las 5 AM...

... y a la mañana siguiente, me levanté justo antes del mediodía.

Hmmm...

Intenté de nuevo muchas más veces, sin llegar muy lejos cada vez. Me imaginé que debía haber nacido sin el gen del madrugador. Cada vez que mi alarma se activaba, mi primer pensamiento era siempre parar ese ruido ensordecedor y volver a dormir. Presenté este hábito por varios años, pero eventualmente me encontré con una investigación del sueño que me mostró que estaba yendo sobre este problema de la manera equivocada. Una vez que apliqué esas ideas, pude llegar a ser un madrugador de manera consistente.

Es difícil llegar a ser un madrugador utilizando la estrategia equivocada. Pero con la estrategia correcta, es relativamente fácil.

La estrategia equivocada más común es la siguiente: Supón que, si te vas a levantar antes, es mejor que vayas a la cama más temprano. Así que averigua cuánto estás durmiendo actualmente, y luego lleva todo atrás unas cuantas horas. Si ahora duermes de la medianoche a las 8 de la mañana, calcula que irás a la cama a las 10 de la noche y te levantarás a las 6 de la mañana. Suena muy razonable, pero suele fallar.

Parece que hay dos principales escuelas de pensamiento sobre los patrones de sueño. Una es que debes ir a la cama y levantarte a la misma hora todos los días. Es como tener un despertador en ambos extremos - intenta dormir las mismas horas cada noche. Esto parece práctico para vivir en la sociedad moderna. Necesitamos previsibilidad en nuestros horarios. Y necesitamos asegurar un descanso adecuado.

La segunda escuela dice que debes escuchar las necesidades de tu cuerpo e ir a la cama cuando estás cansado y levantarte cuando naturalmente despierta despiertas. Este enfoque se basa en la biología. Nuestros cuerpos deben saber cuánto descanso necesitamos, así que debemos escucharlos.

A través de ensayo y error, descubrí por mí mismo que ambas escuelas son patrones de sueño subóptimos. Ambos están equivocados si se preocupan por la productividad. Este es el por qué:

Si duerme horas fijas, a veces se ira a la cama cuando no tiene suficiente sueño. Si te lleva más de cinco minutos dormir cada noche, no tienes suficiente sueño. Estás perdiendo el tiempo acostado en la cama despierto y sin descansar. Otro problema es que estás asumiendo que necesitas el mismo número de horas de sueño cada noche, que es una falsa suposición. Tus necesidades de sueño varían de un día a otro.

Si duermes según lo que tu cuerpo te diga, probablemente estarás durmiendo más de lo que necesitas; en muchos casos mucho más, como 10-15 horas más por semana (el equivalente a un día completo de vigilia). Muchas personas que duermen de esta manera obtuvieron más de 8 horas de sueño por noche, que suele ser demasiado. Además, sus mañanas pueden ser menos predecibles si se están levantando en diferentes momentos. Y debido a que nuestros ritmos naturales están a veces fuera de sintonía con el reloj de 24 horas, puedes encontrar que tus tiempos de sueño comienzan a variar.

La solución óptima para mí, ha sido combinar ambos enfoques. Es muy simple, y muchos madrugadores lo hacen sin siquiera pensar en ello, sin embargo, fue un avance mental para mí. La solución fue ir a la cama cuando tenía sueño (y sólo cuando tenía sueño) y levantarme con un despertador a una hora fija (7 días a la semana). Así que siempre me levanto al mismo tiempo (en mi caso 5 am), pero me voy a la cama en diferentes momentos cada noche.

Voy a la cama cuando tengo demasiado sueño para mantenerme despierto. Mi prueba de somnolencia es que, si no podía leer un libro por más de una o dos páginas sin caer dormido, estoy listo para ir a la cama. La mayoría de las veces cuando me voy a la cama, me quedo dormido dentro de tres minutos. Me acuesto, me pongo cómodo, y de inmediato me estoy durmiendo. A veces me voy a la cama a las 9:30 pm; otras veces me quedo hasta medianoche. La mayor parte del tiempo voy a la cama entre 10-11pm. Si no tengo sueño, me quedo hasta que no puedo mantener los ojos abiertos por más tiempo. La lectura es una actividad excelente para hacer durante este tiempo, ya que se hace evidente cuándo tengo demasiado sueño para leer.

Al activarse mi alarma cada mañana, la apago, me estiro por un par de segundos, y me siento. No lo pienso. He aprendido que cuanto más tiempo me lleve levantarme, más probabilidades tengo de intentar dormir de nuevo. Así que no me permito tener conversaciones en mi cabeza sobre los beneficios de dormir una vez que la alarma se apague. Incluso si quiero dormir, siempre me levanto enseguida.

Después de unos días de usar este enfoque, encontré que mis patrones de sueño se establecieron en un ritmo natural. Si dormía muy poco una noche, automáticamente tendría más sueño antes y dormiría más la noche siguiente. Y si tuviera mucha energía y no estuviera cansado, dormiría menos. Mi cuerpo aprendió a noquearme porque sabía que siempre me levantaría al mismo tiempo y que mi hora de despertar no era negociable.

Un efecto secundario fue que, en promedio, dormí unos 90 minutos menos por noche, pero en realidad me sentí más bien descansado. Yo estaba durmiendo casi todo el tiempo que estaba en la cama.

Leí que la mayoría de los insomnes son personas que se acuestan cuando no tienen sueño. Si no tienes sueño y te encuentras incapaz de quedarte dormido rápidamente, levántate y mantente despierto durante un tiempo. Resiste el sueño hasta que su cuerpo comience a liberar las hormonas que le roban la conciencia. Si simplemente vas a la cama cuando tienes sueño y luego te levantas a una hora fija, curarás tu insomnio. La primera noche te quedarás despierto hasta tarde, pero te dormirás enseguida. Puedes estar cansado ese primer día de levantarte demasiado temprano y conseguir solamente algunas horas de sueño la noche entera, pero trabajarás duro durante el día y desearás ir a la cama más temprano esa segunda noche. Después de unos días, te instalarás en un patrón de ir a la cama aproximadamente a la misma hora y quedarse dormido de inmediato.

Así que si quieres llegar a ser un madrugador (o simplemente ejercer más control sobre tus patrones de sueño), a continuación, intenta esto: Ir a la cama sólo cuando tengas demasiado sueño para mantenerte despierto, y levantarte a una hora fija cada mañana.

2.2 CÓMO CONVERTIRSE EN UN MADRUGADOR (2 DE 2)

Me gustaría añadir algo más a lo que ya he escrito sobre el hábito de madrugar, ya que parece ser un tema favorito para muchos lectores. Cuando publiqué el artículo correspondiente en mi blog fue muy compartido y tuvo mucho tráfico, probablemente más de lo que tenía para cualquier otro tema que haya escrito en el pasado.

En primer lugar, sobre el tema de ir a la cama cuando tienes sueño... para hacer esto correctamente se requiere una mezcla de conciencia y sentido común.

Si estás haciendo actividades estimulantes antes de acostarte, serás capaz de permanecer despierto hasta más tarde y evitar la somnolencia por un tiempo. En la universidad solía participar en juegos de póquer que iban hasta el amanecer, y luego solíamos salir a desayunar después. Puedo quedarme despierto después de mi rango normal de horas de cama si trabajo, salgo con amigos, o hago otras actividades estimulantes.

Pero esto no es lo que quise decir con notar cuándo tienes sueño. Mencioné la prueba de no ser capaz de leer más de un par de páginas de texto sin perder la concentración. Esto no significa esperar hasta que estés a punto de caer del agotamiento.

El comienzo de la somnolencia a la que me refiero es cuando su cerebro comienza a liberar hormonas para eliminarlo. Esto es diferente de estar cansado. En realidad, te sientes adormecido. Pero para que esto suceda, es necesario crear las condiciones adecuadas para que se produzca. Esto significa darse un tiempo de inactividad antes de acostarse. Me parece que la lectura es una gran manera de relajarse antes de acostarse. Algunas personas dicen que leer en la cama es una mala idea... que sólo se debe dormir en la cama. Nunca he tenido un problema con eso, ya que cuando tengo demasiado sueño para seguir leyendo, puedo solo cerrar el libro y dormir. Pero lea en una silla si lo prefiere.

Otra prueba que puedes usar es esta. Pregúntate: "Si me fuera a la cama ahora, ¿con qué rapidez podría dormirme?" Si piensas que tomaría más de 15 minutos para quedarse dormido, te digo que sigas adelante y que te quedes despierto.

Una vez que se establece un tiempo de despertar fijo, puede que te tome un poco de práctica para determinar el rango correcto en la hora de acostarse para ti. Al principio puedes ver algunas oscilaciones enormes, quedarse despierto demasiado tarde una noche e ir a la cama demasiado temprano otra noche. Pero al final tendrás una idea de cuándo puedes irte a la cama y dormir enseguida permitiéndole despertar renovado al día siguiente.

Como medida de seguridad a prueba de fallos para evitar mantenerte despierto hasta demasiado tarde, escoge un plazo para acostarte, e incluso si no estás totalmente soñoliento, ve a la cama a esa hora sin importa qué. Tengo una buena idea de la cantidad mínima de sueño que necesito. 6.5 horas por noche es sostenible para mí, pero pueden ser 5 horas en un apuro y estaré bien siempre y cuando no lo haga cada noche. Por otra parte, lo máximo que siempre duermo es 7,5 horas. Antes de empezar a despertar a una hora fija cada mañana, a menudo dormía 8-9 horas, a veces incluso 10 si estaba muy cansado.

Si consumes cafeína durante el día, es probable que esta altere tus ciclos de sueño. Así que la primera parte de esta guía asume que no te estás drogando para mantenerte despierto. Si eres adicto a la cafeína, entonces rompe la adicción en primer lugar. No esperes que la somnolencia natural ocurra en el momento adecuado si te estás metiendo con la química del cerebro.

La idea detrás de lo que he discutido en el capítulo anterior fue explicar cómo desarrollar el hábito de levantarse temprano. Así que el consejo está orientado a crear el hábito. Una vez que el hábito se establece, se ejecuta más subconscientemente. Podrás estar haciendo actividades estimulantes como el trabajo o jugar juegos de video, y sabrás cuándo es hora de ir a la cama, aunque puede ser un momento diferente cada noche. La prueba de somnolencia es importante para desarrollar el hábito, pero las señales más sutiles se harán cargo después.

Siempre puedes dormir tarde cuando resulte necesario. En mi caso, si me quedo hasta las 3am, no me voy a levantar a las 5am la mañana siguiente. Pero volveré a mi rutina habitual al finalizar este día.

Recomiendo levantarse al mismo tiempo durante 30 días seguidos para fijar el hábito, pero después de eso estarás tan condicionado a despertar a la misma hora que te resultará difícil continuar durmiendo luego de esa hora. Decidí dormir hasta tarde un sábado por la mañana y no poner mi alarma, pero me desperté automáticamente a las 4:58 am. Entonces traté de dormir, pero estaba completamente despierto y no podía volver a dormirme de nuevo. Oh bien. Una vez que el hábito se establece, no es difícil en absoluto para levantarse, suponiendo que vayas a la cama en el inicio de la somnolencia.

Si tienes hijos, adáptate según sea necesario. Mis hijos tienen 1 y 5 años. A veces me despiertan en la noche para decirle a mi esposa y a mi acerca de sus sueños o a veces sólo para hablar. Y sé lo que es cuando hay un bebé despertando a cada rato. Así que, si estás en esa situación, la regla es dormir cuando puedas. Los bebés no son muy buenos para cumplir con los horarios.

Si no puedes levantarte de la cama cuando tu alarma se activa, esto es probablemente debido a una falta de autodisciplina. Si tienes suficiente autodisciplina, saldrás de la cama, pase lo que pase. La motivación también puede ayudar, pero la motivación es de corta duración y sólo puede durar unos días. La disciplina es como un músculo. Cuanto más lo construyes, más puedes confiar en él. Todo el mundo tiene algo de disciplina, pero no todo el mundo lo desarrolla. Hay un montón de maneras de construir la disciplina - he publicado toda una serie de guías sobre eso, por cierto. Básicamente se trata de asumir pequeños desafíos, conquistándolos y gradualmente progresando hacia los más grandes. Es como el entrenamiento progresivo con pesas. A medida que tu autodisciplina se vuelve más fuerte, un reto como salir de la cama en un momento determinado eventualmente será trivialmente fácil. Pero si su autodisciplina se ha atrofiado, puede parecer un obstáculo casi insuperable.

¿POR QUÉ LEVANTARSE TEMPRANO?

Yo diría que la razón principal es que tendrás mucho más tiempo para hacer cosas que son más interesantes que dormir.

Te recuerdo, he ganado alrededor de 10-15 horas por semana haciendo esto. Ese tiempo extra es muy notable. A las 6:30 am, ya me he ejercitado, duchado, desayunado, y estoy en mi escritorio listo para ir a trabajar. Puedo poner un montón de horas cada día de trabajo productivo, y por lo general estoy listo con el trabajo a las 5:00 pm (e incluye "trabajo personal" como correo electrónico, el pago de facturas, recoger a mi hija del preescolar, etc.) Esto me da 5-6 horas de tiempo discrecional todas las noches para la familia, actividades de ocio, Toastmasters, lectura, diarios, etc. Y lo mejor de todo, todavía tengo energía durante este tiempo. Tener tiempo para todo lo que es importante para mí me hace sentir muy equilibrado, relajado y optimista.

Piensa en lo que podrías hacer con ese tiempo extra. Incluso 30 minutos extras por día es suficiente para hacer ejercicio todos los días, leer un libro o dos cada mes, mantener un blog, meditar diariamente, cocinar alimentos saludables, aprender un instrumento musical, etc. Una pequeña cantidad de tiempo extra cada día se suma a cantidades significativas en el transcurso de un año. 30 minutos al día son 182.5 horas en un año. Eso es más de un mes de trabajo a tiempo completo (40 horas por semana). Y sería el doble si ahorras 60 minutos al día, y triple si ahorras 90 minutos al día. Para mí el ahorro fue de unos 90 minutos/día. Eso es como conseguir un año de bonificación gratis cada década. Estoy usando este tiempo en hacer cosas para las cuales no tenía el tiempo ni la energía para hacerlas. ¡Es maravilloso!

2.3. CÓMO LEVANTARSE APENAS TU ALARMA SE ACTIVA

Cuando tu alarma te despierta por la mañana, ¿es difícil para ti levantarte de inmediato? ¿Sueles apretar el botón de repetición para postergarla y seguir durmiendo?

Eso también solía ser parte de mi ritual de despertar todos los días. Cuando mi alarma sonaba su ruido infernal, apagaba la maldita cosa de inmediato. Luego, bajo el manto de la confusión cerebral de la madrugada, reflexionaba lentamente sobre si debía o no levantarme:

Es agradable y cálido bajo las sábanas. Si me levanto, va a ser frío, y eso no será demasiado agradable...

Oh, de verdad debería levantarme ahora. Vamos, piernas... muévanse. Vamos, piernas, vamos. Hmmm... no es así como muevo mis piernas, ¿verdad? No parecen estar escuchándome.

Debería ir al gimnasio. Sí. Hmmm... realmente no tengo

ganas de hacer ejercicio ahora mismo. Ni siquiera he tomado el desayuno. Tal vez debería comer un muffin primero. Nueces y banana. Eso es un buen panecillo.

Tal vez trato de levantarme demasiado temprano. Todavía tengo sueño, ¿no? Tal vez levantarse con una alarma es antinatural. ¿No funcionaría mejor si duermo más?

No tengo que levantarme en este momento, ¿verdad? Seguramente puedo relajarme otros cinco minutos más o menos. El mundo no se acabara si no me levanto ahora mismo.

Apuesto a que mi esposa está calientita en este momento. Ella me dijo odia cuando trato de acurrucarla a las 6 de la mañana, pero qué más da ¿ella me ama lo suficiente para perdonarme, verdad? Lo sé... empezaré a darle masajes en la espalda y los hombros primero. Ella no puede resistir un buen masaje, incluso tan temprano en la mañana. Entonces pasaré a rascarle la cabeza. Sí, eso hare. Y luego me deslizaré hacia la derecha en la posición de la cuchara. ¿No será una manera agradable de comenzar el día?

[Scootch... scootch... Zzzzzzz]

Dos horas después...

Yo: *¿Qué hora es? Ni siquiera recuerdo la alarma sonando. Eso fue una buena acurrucada. Bueno, supongo que tendré que saltar el ejercicio hoy.*

Esposa: *¿Por qué sigues poniendo tu alarma si no vas a levantarte cuando se suena?*

Yo: *Oh, ¿crees que fue mi despertador? En realidad es mi alarma de acurrucarme.*

OK, entonces no era realmente la intención que fuera una alarma para acurrucarse. Tenía la intención de levantarme cuando sonó, pero mi cerebro nublado siguió persuadiéndome para ir nuevo a dormir.

Avanzando rápido hasta la actualidad...

Mi alarma se activa en algún momento entre las 4:00 y 5:00 am.... nunca más tarde de las 5:00 am, incluso los fines de semana y días festivos. Apago la alarma en unos segundos. Mis pulmones se inflan con una respiración profunda de aire, y estiro mis extremidades hacia fuera en todas las direcciones por cerca de dos segundos. Pronto mis pies golpean el piso, y me encuentro vistiéndome mientras mi esposa duerme. Bajo las escaleras para tomar un pedazo de fruta, entro a mi oficina en casa para ponerme al día con algunos correos electrónicos, y luego al gimnasio a las 5:15.

Pero esta vez no hay voz dentro de mi cabeza debatiendo lo que debo hacer. No es ni siquiera una voz positiva esta vez - simplemente no está allí. Todo sucede en piloto automático, incluso antes de sentirme completamente despierto mentalmente. No puedo decir que requiera autodisciplina para hacer esto cada mañana porque es una respuesta totalmente condicionada. Es como si mi mente consciente estuviera a lo largo del viaje mientras mi subconsciente controla mi cuerpo. Cuando mi alarma se activa cada mañana, respondo como los perros de Pavlov. En realidad sería más difícil para mí no levantarme cuando mi alarma se activa.

Entonces, ¿cómo se va desde el escenario uno al escenario dos?

En primer lugar, vamos a considerar la forma en que la mayoría de las personas abordan este problema

- lo que considero el camino equivocado.

El camino equivocado es intentar usar tu fuerza de voluntad consciente para salir de la cama cada mañana. Eso podría funcionar de vez en cuando, pero seamos realistas - no siempre vas a estar pensando en el momento en que tu alarma se activa. Puedes experimentar lo que yo llamo la niebla del cerebro. Las decisiones que tomas en ese estado no serán necesariamente las que tomarías cuando estás completamente consciente y alerta. No puedes confiar en ti mismo... o no deberías.

Si utilizas este enfoque, es probable que caigas en una trampa. Tú decides levantarte con un cierto tiempo de antemano, pero entonces deshaces esa decisión cuando la alarma se apaga. A las 10 pm decides que sería una buena idea levantarse a las 5am. Pero a las 5 am cambias de opinión, y decides que sería una mejor idea levantarse a las 8am. Enfrentémoslo - tú sabes que la decisión de las 10pm es la que deseas implementar realmente... si tan solo pudieras conseguir tu yo de las 5am pensara igual.

Ahora, algunas personas al encontrarse con este enigma, concluirán que simplemente necesitan más disciplina. Y eso es en realidad algo cierto, pero no de la manera que esperarías. Si quieres levantarte a las 5 de la mañana, no necesitas más disciplina a las 5 de la mañana. No necesitas hablar mejor contigo mismo. No necesitas dos o tres despertadores dispersos por la habitación. Y tampoco necesitas una alarma avanzada que incluya tecnología de los sanitarios de astronautas de la NASA.

Realmente necesitas más disciplina cuando estás completamente despierto y consciente: la disciplina para saber que no puedes confiar en ti mismo para tomar decisiones inteligentes y conscientes en el momento en que despiertas. Necesitas la disciplina para aceptar que no vas a tomar la decisión correcta a las 5am. Tu entrenador de las 5 am no es bueno, así que necesitas despedirlo.

¿Cuál es la solución real entonces? La solución es delegar el problema. Dale un giro a tu mente subconsciente. Saca a tu mente consciente fuera del círculo.

Ahora, ¿cómo haces esto? De la misma manera que aprendiste cualquier otra habilidad repetible. Debes practicarlo hasta que se convierta en rutina. Con el tiempo tu subconsciente se hará cargo y ejecutara el libreto en piloto automático.

Esto sonara realmente estúpido, pero funciona. Practica levantarse tan pronto como tu alarma se active. ¡Así es – practique! Pero no lo hagas por la mañana. Hazlo durante el día cuando estés completamente despierto.

Ve a tu dormitorio, y coloca las condiciones de la habitación para que coincidan con tu hora de despertar deseada lo mejor que puedas. Oscurece la habitación, o practica en la tarde, justo después del atardecer, por lo que ya estará oscuro. Si duermes en pijama, póntela. Si te cepillas los dientes antes de acostarte, entonces cepíllatelos. Si te quitas las gafas o los lentes de contacto cuando duermes, entonces quítatelos también.

Coloca la alarma con unos minutos de adelanto. Acuéstate en la cama como si estuvieras durmiendo y cierra los ojos. Ponte en tu posición favorita para dormir. Imagínate que es temprano en la mañana... unos minutos antes de tu hora de despertar deseada. Imagina que estás dormido. Visualiza un lugar de ensueño, o simplemente ponte cómodo.

Ahora, cuando tu alarma se active, apágala lo más rápido posible. Luego toma una respiración profunda para inflar completamente tus pulmones y estirar las extremidades en todas direcciones durante un par de segundos... como si te estuvieras estirando durante un bostezo. Luego siéntate, coloca los pies en el suelo, y ponte de pie. Sonríe de oreja a oreja. Luego, procede a realizar la siguiente acción que deseas hacer al despertarte. Para mí es vestirme.

Ahora sacúdete, regresa a la condición de antes de dormir, vuelve a la cama, restablece la alarma y repite. Haz esto una, y otra, y otra vez hasta que se vuelva tan automático que ejecutes todo el ritual sin pensar en ello. Si tienes que subvocalizar cualquiera de los pasos (es decir, si escuchas una voz mental que te orienta sobre qué hacer), todavía te falta.

Siéntete libre de dedicar varias sesiones durante un período de días a esta práctica. Piensa en ello como hacer sesiones y repeticiones en el gimnasio. Hacer una o dos sesiones por día en diferentes momentos... y quizás 3-10 repeticiones cada vez.

Sí, tomará algún tiempo realizar esto, pero ese tiempo no es nada comparado con cuánto tiempo ahorrarás a largo plazo. Unas cuantas horas de práctica ahora pueden ahorrarte cientos de horas al año.

Con bastante práctica - no puedo darle una estimación exacta de cuánto tiempo tomará porque será diferente para cada uno - condicionarás una nueva respuesta fisiológica al sonido de tu alarma. Cuando tu alarma se active, te levantarás automáticamente sin siquiera pensar en ello. Cuanto más ejecutes el patrón, más fuerza tendrá.

Eventualmente, será incómodo no levantarse cuando tu alarma se active. Se sentirá como ponerse los pantalones con la pierna opuesta primero.

También puedes practicar mentalmente si eres bueno visualizando. La práctica mental es más rápida, pero creo que lo mejor es hacer todo el proceso físicamente. Hay detalles sutiles que puedes perder si sólo ensayas mentalmente, y quieres que tu subconsciente capture el verdadero sabor de la experiencia. Así que si usas la práctica mental, al menos hágalo físicamente las primeras veces.

Cuanto más practiques tu ritual para despertar, más profundo vas a inculcar este hábito en tu subconsciente. La alarma se activa -> levántate inmediatamente. La alarma se activa -> levántate inmediatamente. La alarma se activa -> levántate inmediatamente.

Una vez que esto se convierte en un hábito diario, no tendrás que hacer más práctica diurna. Este tipo de hábito es auto-reforzante. Sólo tienes que pasar por el período de acondicionamiento una vez. Entonces, básicamente estará preparado de por vida hasta que decidas cambiarlo. Incluso si caes fuera del hábito por alguna razón (como unas vacaciones extendidas en una zona horaria diferente), serás capaz de volver a él más fácilmente. Piensa en este como la memoria muscular. Una vez que hayas tomado el ritmo en el patrón, todavía estará allí incluso si dejas que algunas malas hierbas crezcan sobre él.

Cualquier patrón de comportamiento que experimentes cuando tu alarma se active, se volverá auto-reforzante si lo repites bastantes veces. Lo más probable es que ya tengas un ritual bien establecido para despertarte, pero puede que no sea el que deseas. Cuanto más repitas tu patrón existente, más lo acondicionarás en tu subconsciente. Cada vez que no te levantas cuando tu alarma se activa, conviertes esa acción en tu respuesta fisiológica por defecto. Si deseas cambiar ese comportamiento, deberás llevar a cabo un programa de reacondicionamiento consciente, como el descrito anteriormente.

Lamentarte de tus malos hábitos al despertar no funcionará - de hecho, sólo condicionará estas palizas mentales como parte de la rutina que estás tratando de cambiar. No sólo no te levantarás cuando tu alarma se active, sino que también automáticamente te castigarás a ti mismo por eso. ¿Qué tan penoso es? ¿Realmente quieres seguir empleando ese tonto patrón por el resto de tu vida? Eso es exactamente lo que sucederá si no condicionas otro patrón más motivador. Para bien o para mal, tus hábitos te definen.

Una vez que establezcas tu ritual de despertar deseado, te recomiendo que te quedes con él todos los días, 7 días a la semana, 365 días al año. Y durante los primeros 30 días, configura tu alarma para la misma hora todos los días. Una vez que el hábito se establece, entonces puedes variar tu hora de despertar u ocasionalmente no colocar la alarma cuando desees dormir, pero hasta entonces es mejor mantener el patrón muy estricto. De esta forma se convertirá en tu comportamiento por defecto, y podrás apartarte de vez en cuando sin correr un alto riesgo de perder lo logrado.

Estoy seguro de que una vez que establezcas este hábito, te encantará. Considero que este es uno de mis hábitos más productivos. Me ahorra cientos de horas al año, y sigue pagando dividendos día tras día. También encontré este hábito muy valioso durante mi experimento de sueño polifásico (sobre el cual espero publicar pronto un libro electrónico, también)

Piensa en ello - si duermes de más sólo 30 minutos al día, eso es más de 180 horas al año. Y si lo haces 60 minutos al día, eso es 365 horas al año, el equivalente de nueve semanas y 40 horas. ¡Es mucho tiempo! Ahora no sé tú, pero yo puedo pensar en cosas más creativas que hacer con ese tiempo que estar acostado en la cama de forma innecesaria.

Te animo a que pruebes este método. Sé que parece tonto practicar salir de la cama, pero bueno, ¿y si funciona? ¿qué pasaría si supieras con total certeza que si fijas tu alarma durante un tiempo determinado, te levantarías absolutamente en ese momento sin importar qué? No hay ninguna razón por la que no puedas crear eso por ti mismo durante los próximos días. La práctica lo hace permanente.

2.4. CÓMO DESPERTARSE SINTIÉNDOSE TOTALMENTE DESPIERTO

Tu alarma se activa a las 5 de la mañana, y de inmediato salesde la cama sin un segundo pensamiento. A medida que te acercas a tu meta de ser madrugador, apenas te será posible detectar cualquier atontamiento, incluso si lo buscas. Te levantas y te estiras, sintiéndote totalmente alerta, consciente y ansioso por comenzar el día. La idea de volver a la cama para conseguir un poco de sueño extra te parecerá completamente ajena.

Se siente muy bien levantarse temprano, y saber que invertirás esas tempranas horas de la mañana en algo productivo. Podrás ejercitarte, ducharte, vestirte, comer un desayuno saludable, leer material inspirador e invertir una hora en tu negocio en casa, todo antes de las 8 de la mañana. Y sabrás que el hábito de comenzar cada día de esta manera hará bien a tu vida.

Mantener este hábito es fácil para ti. No tienes que obligarte a ti mismo a salir de la cama, y no parece requerir mucha disciplina en absoluto. Se siente normal y natural estar alerta y activo en este momento.

Si este escenario coincide con tu realidad cotidiana actual, puedes dejar de leer ahora. Pero si suena como pura fantasía, entonces sigue leyendo...

DESPERTANDO ATONTADO

Durante mis años de adolescencia y bien en mis 20 años, por lo general me despertaba sintiéndome muy atontado por la mañana. Incluso después de dormir 8-9 horas, podía seguir durmiendo. Un par de mis hermanos eran de la misma manera. Para levantarse antes del mediodía había que arrastrar sus sábanas. Sólo nos levantamos temprano cuando tuvimos que, nunca por elección.

No era muy productivo durante esas horas de la mañana. Me vestía y desayunaba como por inercia, pero no sentía mí que cerebro estaba totalmente despierto todavía. Tomando en cuenta que fui criado católico (ya sé – ahora me he recuperado), todos los domingos por la mañana mis padres nos llevaban a la iglesia a las 7:30 am. La mayor parte del tiempo me senté a lo largo de la misa en un estado zombi medio consciente. Creo que hicieron que los bancos fueran duros e incómodos para evitar que la gente durmiera... pero dejaré el resto del comentario católico a George Carlin.

DE MOUNSTRO ATONTADO A MAGRUGADOR

Viniendo rápido al presente, soy un madrugador habitual. Desde que trabajo en casa y establezco mis propias horas, puedo dormir lo más tarde que quiero.

Pero me levanto a las 5 de la mañana por elección. Me gusta estar despierto antes del amanecer y comenzar temprano cada día. Es muy fácil de mantener. Se siente como el camino más fluído.

Si estás tan atontado que no puedes levantarte antes de volverte a quedar dormido, no necesitas un nuevo despertador. No es necesario poner el despertador en diferentes lugares de la habitación. Y no necesitas una cama con resortes. Lo que realmente necesitas es abordar los factores que te hacen despertar atontado en primer lugar.

Voy a compartir lo que funcionó mejor para mí en la conversión gradual de un zombi mañanero a un madrugador alerta. Estos consejos se ampliarán y se sumarán a lo que ya se ha cubierto en los capítulos anteriores, que se centró en la construcción de una estrategia eficaz para levantarse temprano. Este capítulo trata de lo que puedes hacer para asegurarte de que cuando te levantes temprano, te sientas alerta y despierto en lugar de cansado y atontado, por lo que puedes desarrollar el madrugar como un hábito a largo plazo.

EXPERIMENTAR

Este es el principio más importante de todos. Si tu método actual de levantarte cada mañana no se siente bien, entonces admite que apesta, e intenta algo más. Si no funciona, deja de hacerlo. Y por amor a Dios, no lo reproches, ya que eso no ayudará.

Si te despiertas atontado, no significa que estás estropeado. Simplemente significa que estás cometiendo algunos errores fisiológicos, y esos errores pueden ser corregidos. Sin embargo, la única manera de llegar allí, es intentar otra cosa. Y si nunca has podido despertar sintiéndote totalmente alerta, lo más probable es que necesites probar algo que nunca hayas hecho antes. Si no estás dispuesto a hacer eso, estás condenado.

A medida que experimentes, busca la mejora, no la perfección. Todo lo que realmente necesitas es encontrar algún pequeño ajuste que funcione un poco mejor, y repetirlo. Algunos de los cambios que sugeriré pueden sonar radicales si piensas en implementarlos todos a la vez, pero esos pasos radicales representan muchos pequeños cambios acumulados durante un largo período de tiempo.

Sé paciente al desarrollar esta habilidad. No hay prisa. Si puedes convertirte en un madrugador en t adolescencia, eso está increíble. No fue hasta los 30 años que sentí que realmente lo dominaba.

DECIDE QUE LO HARÁS

Como la mayoría de la gente, oscilé entre esa sensación entusiástica de que sería capaz de encontrar una manera de hacer esto, frente a esa sensación de tener que admitir que tal vez no soy biológicamente adecuado para ello. Seguí haciendo un empuje tras otro, pero sólo podía levantarme temprano por unos días seguidos antes de que la fatiga me abrumara, y me estrellara.

Si estás combatiendo fatiga abrumadora o si levantarte temprano parece virtualmente imposible, déjame sugerir que tu acercamiento puede ser incorrecto. Sí, habrá un período de adaptación si estás cambiando tu hora de despertar, pero no debe requerir una cantidad inhumana de disciplina. Sólo debe ser un poco desafiante. Si el nivel de desafío es demasiado alto, estarás abordando el problema desde el ángulo equivocado. La motivación es importante, pero la técnica juega un papel importante también.

Así es como se ve el éxito al madrugar. Te despiertas temprano, te sientes bien despierto y muy contento. Habrá alguna variación de día a día, pero en general estás alerta y funcional. A medida que te levantas, se siente como tu mente consciente está pasando por un proceso de arranque rápido. Puedes recordar haber tenido un sueño interesante. También comenzarás a pensar en el día que viene. Todo esto sucede en cuestión de segundos.

Cuando decidas hacerlo, asegúrate de mantener el objetivo correcto en mente. Obligarte a salir de la cama mientras te sientes como un zombi no es el objetivo a lograr. Tuve un gran avance cuando decidí que quería levantarme temprano y sentirme totalmente alerta cuando me levanté. Eso puede sonar como una distinción muy básica, pero ser capaz de mantener la intención correcta en mente fue un paso clave. Si tiene sentimientos encontrados acerca de levantarte temprano, entonces clasifica esos sentimientos hasta que puedas pintar un cuadro con el que te sientas bien. Haz del éxito una cuestión de *cuándo*, no una *posibilidad*.

ARREGLA TU DIETA

Dieta y sueño están inextricablemente entrelazados. Si crees que puedes dominar tus hábitos de sueño sin mejorar tu dieta, te estás engañando a ti mismo. Seriamente.

Desafortunadamente, la mayoría de las personas, especialmente los estadounidenses, se rigen por una dieta horrible hoy en día, llena de productos de origen animal cargados de hormonas, ingredientes artificiales, azúcar, cafeína, sal, harina blanca y basura muy procesada. Una dieta poco saludable afectará tu sistema endocrino (que es responsable de la producción de hormonas), y eso impedirá que disfrutes de un sueño reparador.

Lo que funciona bien para mí es una dieta vegetariana de alimentos completos, basada en frutas y verduras crudas. Cuando fui vegetariano en 1993, me sentía bien descansado y con menos sueño, despertaba sintiéndome más alerta. Luego, cuando fui totalmente vegano en 1997, hubo otra mejora. Como he explicado en mis guías sobre la alimentación vegana, la diferencia de energía es la principal razón por la que me adapté a esa dieta.

Así como puedes despertar con una resaca si consumes demasiado alcohol, sufrirás de otros tipos de resaca si consumes sustancias que alteran el estado de ánimo. Dos de los peores son el azúcar y la cafeína. Si tu dieta es alta en cafeína y/o azúcar (especialmente en el área de jarabe de maíz o jarabe de maíz de alta fructosa), hazte un favor y lleva a cabo lo que yo llamo un "ensayo de 30 días" sin ellos. Me doy cuenta de que si sólo tomo una taza de café por la mañana, no dormiré tan profundamente la noche siguiente, me tomará mucho más dormirme, y me despertaré sintiéndome mucho más atontado - casi 24 horas luego.

Si ha sestado jugando con tu fisiología por el consumo excesivo de azúcar, cafeína, alimentos procesados, etc., te recomiendo arreglar tu dieta antes de intentar dominar tus hábitos de sueño. De lo contrario, sólo te vas a frustrar. Dos años y medio de comentarios de los lectores tratando de convertirse en madrugadores me ha enseñado que es casi una regla que despertar atontado y comer una dieta muy mala van de la mano. Ten en cuenta que, en los EE.UU., la dieta promedio es una dieta extremadamente mala. Creo que es por eso que las personas que se despiertan antes del amanecer sintiéndose totalmente alerta tienden a ser consideradas sobresalientes, raros o genéticamente dotados. Desde la perspectiva de los madrugadores, parece que todos los demás se drogan a sí mismos en un estupor.

En el extremo opuesto, las personas que están ayunando a menudo informan que necesitan mucho menos sueño. Tuve un amigo que estaba practicando seriamente el ayuno, y me dijo que generalmente sólo duerme alrededor de 4 horas por la noche.

Te animo a experimentar para encontrar la dieta que mejor se adapte a ti, que puede o no puede ser similar a la mía. Averiguaa qué manera de comer te ayuda a sentirse mejor por la mañana. Podría sobrecargarte con todo tipo de estadísticas dietéticas, pero no sugiero modelar tu dieta en estadísticas. Deja que la experimentación personal sea tu guía, y observa cómo te sientes cuando comes diferentes tipos de alimentos durante un período prolongado - y especialmente cómo te sientes cuando te despiertas cada mañana. Si despiertas sintiéndote totalmente atontado, trata de comer alimentos diferentes por un tiempo.

COMA LIGERO POR LA NOCHE

Esto podría considerarse un corolario de lo anterior, pero es lo suficientemente importante para merecer una atención especial. Si tu cuerpo debe digerir una comida pesada mientras duermes, tu sueño no será tan reparador, y es mucho más probable que te despiertes atontado a la mañana siguiente.

El condicionamiento social puede haber enseñado que una gran cena es el camino a seguir, pero para la verdad es que debes consultarlo a tu cuerpo. Incluso si no eres un vegetariano estricto, recomiendo encarecidamente que intentes llevar una cena libre de alimentos de origen animal. Toman mayor cantidad de tiempo para digerir y es muy probable que te hagan sentir atontado la mañana siguiente.

La fruta fresca es quizás la comida ideal para comer en tu última comida, especialmente las frutas bajas en azúcar como tomates, aguacates, pimientos y melón. Personalmente no soy un gran fanático de tener nada más que fruta para la cena, pero cuando lo hago, por lo general no necesito dormir tanto, y casi siempre despierto sintiéndome más alerta. Así que, independientemente de lo que mi mente tiene que decir al respecto, a mi cuerpo le gusta.

Una segunda opción muy cercana para una cena sería verduras frescas, especialmente una gran ensalada. Después de eso sería vegetales cocidos ligeros. Cuanto menos procesada esté tu comida de la noche, menos energía tomará para digerir, y mucho menos interrumpirá tu fisiología. Si comes mal antes de acostarte, puedes esperar sentirte muy mal en la mañana.

Probablemente has escuchado el consejo de que debes dejar de comer por lo menos 2-3 horas antes de acostarte. Si comes normalmente una cena pesada, ese consejo te ayudará un poco. Pero puedo comer frutas grandes o ensalada vegetariana justo antes de acostarme, y no parece interrumpir mi sueño. Creo que es porque nuestros cuerpos son tan adecuados para el consumo de frutas y verduras. Tales comidas requieren muy poca energía para digerir en comparación con otros alimentos, por lo que no perjudican nuestros recursos internos ni perturban nuestro sueño.

Esta es un área donde te animo a experimentar mucho. Trata de comer una cena muy ligera esta noche, y ver cómo te sientes la mañana siguiente.

EJERCITE A DIARIO

Incluso antes de hacerme vegetariano, me di cuenta de una gran mejora en mis patrones de sueño cuando comencé a hacer ejercicios aeróbicos diariamente. Supongo que el término actual para el ejercicio aeróbico es "cardio", pero no me gusta esa palabra porque invariablemente desencadena mi filtro de -palabras-de-moda-que-me-hacen-vomitar. Está justo allí en la Web 2.0.

Probablemente has escuchado este consejo antes, pero hay una diferencia entre escuchar el consejo y aplicarlo. Así que ve, aplícalo, y lleva tu trasero al gimnasio. Por lo menos, corre alrededor de la manzana durante 25 minutos cada mañana. Si no lo haces, no lo sabes.

Cuando estoy haciendo ejercicio aeróbico todos los días durante al menos 20 minutos, puedo quitarme una buena hora de sueño cada noche, lo que compensa el tiempo de ejercicio. Me despierto sintiéndome más alerta y enérgico también. Pero la mejor parte es que disfruto de una mejor concentración y alerta durante todo el día. Funciona mucho mejor que la cafeína... y sin lo acelerado.

También he hecho entrenamiento con pesas durante meses a la vez, con y sin ejercicio aeróbico. A pesar de los otros beneficios del entrenamiento con pesas, por sí solo no parece beneficiar mis patrones de sueño y alerta de la mañana. No parece afectar mi sueño, aunque, incluso cuando he entrenado vigorosamente con gran dolor.

Ten en cuenta que los vendedores con frecuencia tratan de manipular las tendencias de ejercicio para aumentar las ventas de productos. Normalmente no verás ejercicios baratos como correr recibiendo mucha atención promocional (a menos que sea para venderle un iPod para escuchar mientras se ejecuta). Trata de no ser influenciado por la pelusa del marketing, e ir con lo que funciona para mejor para ti, ya sea que esté de moda o no. Si te sientes obligado a gastar dinero en su salud, compre los mejores productos orgánicos que pueda encontrar, y mantenga su ejercicio diario barato y simple.

LEVÁNTETE A LA MISMA HORA TODOS LOS DIAS, INCLUYENDO FINES DE SEMANA

Esto fue mencionado, pero quiero subrayarlo más. Levantarse a la misma hora todos los días es muy importante cuando inicialmente estás estableciendo el hábito de levantarte temprano. Al principio es demasiado fácil caer de la pista, así que sugiero que te levantes a la misma hora cada día durante al menos 30 días. Si te sientes obligado a dormir los fines de semana, es probable que estés haciendo algo mal. Una vez más, debes sentirte bien al levantarte temprano. Si lo estás haciendo porque quieres, y está funcionando, te sentirás normal y natural al hacerlo todos los días. Si crees que necesitas un día de trampa, algo definitivamente está no está funcionando bien. ¿Por qué hacer trampa en algo que te gusta hacer?

Después de haber estado despertando energizado

por lo menos un mes para establecer el hábito, hacerlo cada día no es crítico. Si quiero quedarme fuera una noche, podría dormir hasta las 6:30 o 7:00 de la mañana siguiente. Pero al día siguiente vuelvo al horario sin ningún problema. Mi hora de dormir normal es entre las 10 y las 11 pm, pero puedo quedarme bien pasada la 1am sin mucha dificultad si algo estimulante está sucediendo.

Una vez, mi ex esposa Erin y yo estábamos en la ciudad de Nueva York, y mi horario de sueño estaba en todo fuera de lugar durante el viaje. Algunas mañanas nos levantamos temprano, mientras que otros días dormimos hasta las 8 de la mañana. Pero al regresar a Las Vegas, no tuve problemas para volver a mi horario de sueño original. La ciudad de Nueva York está a 3 horas de Las Vegas (hora del Pacífico), así que normalmente estaba despertando antes de lo habitual en este viaje. No estoy seguro de qué tan difícil sería re-adaptar si fuéramos a Hawái en su lugar. Tendré que probarlo pronto.

Recomiendo usar un despertador a menos que puedas establecer alarmas mentales muy confiables. Todavía uso un despertador cada mañana, pero ahora es más un dispositivo de mantenimiento y acondicionamiento en lugar de un dispositivo de despertador. Probablemente no necesito una alarma para seguir levantándome temprano en un momento relativamente consistente, pero desde que me acondicioné para levantarme cuando la alarma se apaga, es sólo parte de mi rutina. No he puesto mucho esfuerzo en la construcción de habilidades con las alarmas mentales, en gran parte porque la solución de despertador ya funciona bien.

VE A DORMIR SOLO CUANDO TENGAS SUEÑO

Esto también fue mencionado en las páginas anteriores. En lugar de ir a la cama a una hora fija cada noche, quédate hasta que tengas sueño.

Si estás acostado despierto por la noche durante 30 minutos o más tratando de dormirte, diría que te has acostado demasiado pronto. Levántate y lee por un rato. Cuando comiences a asentir mientras lees, es hora de acostarte.

La mayoría de las noches me puedo quedar dormido unos minutos después de acostarme. Si no tengo sueño, me quedo despierto hasta tener. A veces estoy listo para dormir a las 9:30. Otras veces me quedo despierto hasta las 11:30. Pero la mayoría de las veces el inicio de la somnolencia ocurre bastante cerca del mismo tiempo, que para mí es entre 10 y 10:30. Lo percibo como un leve empujón que me dice que si me acuesto, podré dormir rápido.

En el primer capítulo, te expliqué que si comienzas a acostarse cuando tiene sueño y te levantas a una hora fija cada mañana, tu cuerpo finalmente se adaptará. Para mayor claridad, debo añadir la advertencia: "... si no te enredas excesivamente con tu bioquímica". Gran parte de los comentarios que he recibido me dicen que la mayoría de la gente puede adaptarse a convertirse en madrugadores dentro de unos 3-5 días. Eso es lo que les lleva a afinar una hora bastante consistente que les de suficiente sueño para sentirse bien descansado a la mañana siguiente y no se sientan privados de sueño durante el día. Sin embargo, los que llevan una mala alimentación o quienes beben alcohol cada noche, rara vez pasan del tercer día; casi siempre renuncian.

DESARROLLA UNA RUTINA PLACENTERA EN LA MAÑANA

Si no te gusta la forma en que pasas las mañanas, puedes sufrir el problema de despertarte sin levantarte. Una buena rutina mañanera puede ayudar a remediar eso. Es importante tener algo que esperar que te haga sentir ansioso por salir de la cama.

Mi rutina habitual de la mañana es bastante básica, pero funciona para mí. Después de levantarme, me afeito y me pongo la ropa de gimnasio. Luego me dirijo al gimnasio, hago mi entrenamiento, vuelvo a casa, me ducho y me visto. Después de eso normalmente hablo con Erin y los niños por un rato y desayuno.

Me gusta ir al gimnasio, así que sirve como una buena razón para salir de la cama. Sé que el ejercicio me hará sentir aún más energizado.

Este es un lugar rico para la experimentación. A algunas personas les gusta levantarse y trabajar en un negocio desde casa durante una hora o dos. A otros les gusta meditar a primera hora de la mañana. En esta área en particular, la regla es hacer todo lo que funciona para ti. Si jugar tu juego de video favorito durante una hora te motiva a salir de la cama temprano, pruébalo durante unos días y verás cómo va.

Si tu rutina matutina se vuelve aburrida, cámbiala. Cualquier rutina eficaz puede dejar de funcionarte. Haz lo que sea necesario para mantenerlo interesante.

¿Qué hay de una rutina por la tarde? Es un consejo común que tener una rutina de relajación para serenarte antes de acostarte mejorará la calidad de tu sueño. Para mí no parece hacer mucha diferencia.

Puedo disfrutar de mucha variedad y actividad en mis tardes, y todavía duermo bien y me despierto alerta. Una rutina por la tarde estable puede ayudar a compensar un estilo de vida estresante, pero por otro lado no creo que sea tan importante. Siéntete libre de experimentar con un proceso de cierre por la tarde para ver si esto es lo que a ti te resulta mejor.

¡HAZLO!

Estar alerta temprano en la mañana es un gran hábito a desarrollar, y te servirá correctamente durante décadas. No te conformes con despertar atontado en la tierra de nadie mientras tu cuerpo químicamente arruinado se niega a moverse. Dominar tus mañanas establecerá el estilo de tu día entero. Una vez que hayas experimentado lo bien que se siente, nunca más querrá volver.

SOBRE EL AUTOR

Steve Pavlina es un escritor y blogger, que tiene un
enfoque totalmente práctico para el crecimiento
personal. Le gusta probar experiencias personales, y lo
hace ocasionalmente y a través de cambios efectivos
en su estilo de vida que tienen efecto a largo plazo,
además comparte con sus lectores casi en tiempo real.
Por ejemplo, en 1993 se convirtió en vegetariano, y en
1997 avanzó a una dieta vegana, después de emplear
su famosa 'prueba de 30 días' para poner a prueba el
efecto de esta rutina alimentaria. También dirigió el
maratón de Los Ángeles, entrenó en artes marciales
durante varios años, actuó en el grupo de
improvisación teatral, probó completamente la dieta
cruda y el sueño polifásico.

Printed in Great Britain
by Amazon